QUESTIONS RÉPONSES

DÈS 7 ANS

Notre planète Terre

écrit par **Anita Ganeri**
traduit par **Isabelle Bourdial**

NATHAN

Édition originale parue sous le titre :
I Wonder Why The Wind Blows
Copyright © Macmillan Children's Books 1994,
une division de Macmillan Publishers Ltd., Londres
Auteur : Anita Ganeri
Illustrations : Chris Forsey ; Tony Kenyon
(B. L. Kearley) pour les dessins humoristiques.
Couverture : dimazel / Adobe Stock, LIGHT_ONLY / Shutterstock
Illustration : Nicolas Trève

Édition française :
© 2015, Éditions NATHAN, SEJER,
Pour la présente édition © 2022, Éditions NATHAN, SEJER
92, avenue de France, 75013 Paris
Traduction : Isabelle Bourdial
Réalisation : Martine Fichter
N° éditeur : 10276005
ISBN : 978-2-09-249559-9
Dépôt légal : février 2022
Conforme à la loi n° 49-956 du 16 juillet 1949
sur les publications destinées à la jeunesse,
modifiée par la loi n° 2011-525 du 17 mai 2011.

Achevé d'imprimer en décembre 2021
par Publikum, Serbie

FSC
www.fsc.org

MIXTE
Papier issu de
sources responsables
FSC® C022030

LES QUESTIONS DU LIVRE

La Terre est-elle ronde ?

Si tu étais un spationaute flottant dans l'espace, la Terre t'apparaîtrait comme un gigantesque ballon. En réalité, elle n'est pas parfaitement ronde mais légèrement aplatie à son sommet (au pôle Nord) et à sa base (au pôle Sud). Elle est à peine bombée au milieu, à l'équateur. Les savants des temps anciens ont longtemps cru que la Terre était plate comme une pièce de monnaie !

Équateur

La circonférence de la Terre autour de la ligne imaginaire de l'équateur mesure 40 075 km. Si tu étais capable de marcher sans t'arrêter nuit et jour, il te faudrait plus d'un an pour parcourir cette distance et faire le tour de notre planète.

La Terre paraît bleue depuis l'espace. C'est parce que les mers recouvrent les trois quarts de sa surface.

La croûte terrestre est la couche de roche située juste sous nos pieds.

Le manteau est une épaisse couche rocheuse. Il est si chaud qu'une partie des roches est en fusion.

Le noyau est constitué de métal. Sa partie extérieure est fluide tandis que sa partie intérieure est solide.

Partie extérieure du noyau

Partie intérieure du noyau

Même si l'on pouvait creuser assez profond pour atteindre le centre de la Terre, on ne pourrait pas y rester : la température y dépasse les 5 000 °C.

De quoi est faite la Terre ?

Les différentes couches de roches et de métaux qui composent la Terre sont regroupées en trois parties : la croûte terrestre, le manteau et le noyau. Certaines couches comme la croûte sont solides, d'autres, à l'intérieur du manteau, sont si chaudes qu'elles ont fondu.

La croûte terrestre ne s'interrompt pas au niveau du littoral. Elle se prolonge sous les océans et constitue le plancher océanique.

Quel âge a la Terre ?

Les scientifiques pensent que la Terre s'est formée il y a 4,6 milliards d'années, en même temps que la Lune ; mais personne n'était là pour le voir !

L'Homme est apparu sur Terre très récemment. Si l'on représentait l'âge de la Terre en 24 heures (un jour et une nuit), l'humanité serait née à 23 heures 59 minutes et 12 secondes.

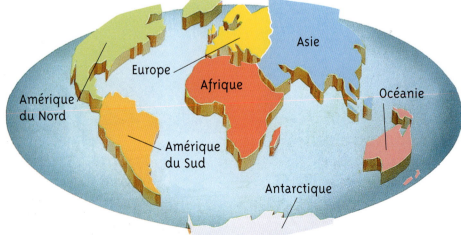

1 Il y a environ 200 millions d'années, toutes les terres ne formaient qu'un seul continent : la Pangée.

2 La Pangée commença à se fractionner il y a environ 180 millions d'années.

Pangée

Les continents sont de gigantesques blocs de terre. La Terre en compte 5 : l'Asie, l'Afrique, l'Europe, l'Océanie et l'Amérique. Les géologues y ajoutent l'Antarctique.

Europe
Asie
Amérique du Nord
Afrique
Océanie
Amérique du Sud
Antarctique

Les émeus vivent en Australie, les nandous en Amérique du Sud et les autruches en Afrique : trois oiseaux incapables de voler et qui se ressemblent beaucoup. Ils ont probablement le même ancêtre qui s'est répandu sur ces trois continents à l'époque où ceux-ci n'en formaient qu'un seul.

La Terre a-t-elle beaucoup changé ?

Depuis sa création, notre planète a changé d'aspect. Il y a environ 200 millions d'années, les terres étaient soudées et formaient un gigantesque bloc. L'ensemble commença à se fractionner en morceaux : les continents. Ceux-ci se déplacèrent lentement jusqu'à atteindre la position qu'ils occupent aujourd'hui.

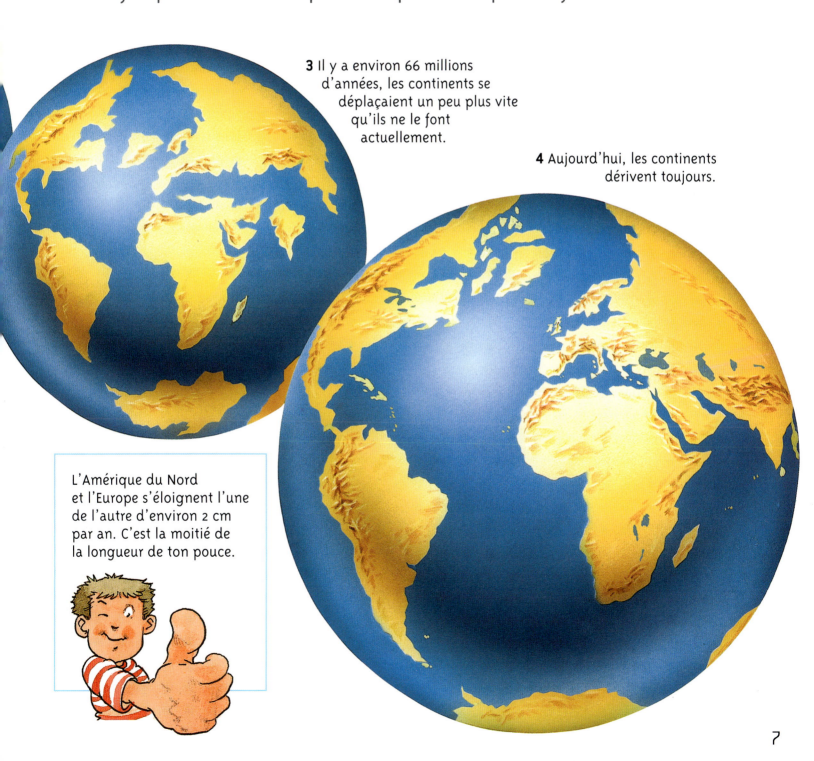

3 Il y a environ 66 millions d'années, les continents se déplaçaient un peu plus vite qu'ils ne le font actuellement.

4 Aujourd'hui, les continents dérivent toujours.

L'Amérique du Nord et l'Europe s'éloignent l'une de l'autre d'environ 2 cm par an. C'est la moitié de la longueur de ton pouce.

Où sont les plus hautes montagnes du monde ?

Le mot « Himalaya » signifie « la maison des neiges ». Un nom approprié pour ces pics glacés !

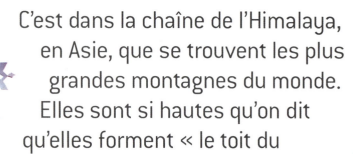

C'est dans la chaîne de l'Himalaya, en Asie, que se trouvent les plus grandes montagnes du monde. Elles sont si hautes qu'on dit qu'elles forment « le toit du monde »... Leurs sommets sont des endroits gelés où la neige et la glace ne fondent jamais.

Voici les plus hautes montagnes de chaque continent :

Asie — Mont Everest 8 849 m

Amérique du Sud — Aconcagua 6 962 m

Amérique du Nord — Mont Denali 6 190 m

Afrique — Mont Kilimandjaro 5 895 m

Europe — Mont Elbrouz 5 642 m

Antarctique — Massif Vinson 4 892 m

Australie — Mont Kosciuszko 2 230 m

Les montagnes peuvent-elles rapetisser ?

Beaucoup de montagnes s'érodent avec le temps. Chaque jour, des fragments de roches sont arrachés et emportés par la glace, la neige et le ruissellement de l'eau. Il existe aussi des montagnes qui grandissent sous la poussée de mouvements provenant des profondeurs de la Terre.

Le mont Everest est le plus haut du monde si on ne mesure que la partie au-dessus du niveau de la mer. Le Mauna Kea à Hawaï le dépasse de 1 300 m. Mais il a les pieds dans l'eau et ne mesure que 4 200 m en surface.

Plus on monte en altitude et plus il fait froid. La plupart des animaux qui vivent au sommet des hautes montagnes ont une fourrure épaisse qui leur tient chaud : c'est par exemple le cas des lamas dans les Andes, des yacks et de certaines chèvres de l'Himalaya.

Quelles montagnes crachent du feu ?

Les volcans sont des montagnes qui expulsent parfois des cendres brûlantes appelées nuées ardentes, des gaz et des roches en fusion ou laves. Les gaz et les laves incandescentes viennent des profondeurs de la Terre et jaillissent par les craquements de la croûte terrestre.

Le sommet d'un volcan s'appelle un cratère. Parfois, le cratère d'un volcan éteint (qui n'est plus en activité) se remplit d'eau de pluie et devient un lac, comme le lac Pavin en Auvergne.

On compte environ 1 500 volcans actifs sur la Terre. Chaque année, une cinquantaine d'entre-eux entre en éruption.

Les volcans sont-ils habités ?

De nombreuses personnes et en particulier beaucoup d'agriculteurs vivent sur le flanc des volcans. Ils obtiennent des récoltes exceptionnelles car les cendres des volcans rendent le sol très fertile. Mais il leur faut s'attendre à quitter les lieux très vite en cas d'éruption !

Des volcans, on en trouve également ailleurs dans l'univers. Le plus grand volcan connu du système solaire est le mont Olympe. Situé sur Mars, il culmine à 21 229 mètres.

Pilotes, attention ! Les cendres et les poussières émises par les volcans peuvent stopper les réacteurs d'un avion en vol.

Qu'est-ce qui fait trembler la Terre ?

La surface terrestre est constituée d'énormes plaques très dures, appelées plaques tectoniques, qui bougent lentement, entraînées par la roche chaude et mobile située en dessous. Lorsque les plaques entrent en contact, elles se compriment, se chevauchent ou frottent l'une contre l'autre. Sous le choc, la Terre tremble.

Lors des séismes les plus violents, le sol se fracture, les rues s'enfoncent et les immeubles s'écroulent comme des châteaux de cartes.

Le plus gros danger lors d'un séisme est d'être enseveli sous les décombres des habitations. Il faut donc s'en éloigner et se protéger de tout ce qui pourrait chuter.

Peut-on prévoir les tremblements de terre ?

Les scientifiques qui étudient les tremblements de terre sont des sismologues. Même s'ils savent où un tremblement de terre est susceptible de se produire, ils ne peuvent jamais prédire à quel moment exact, ni même son intensité.

Dans les zones à risques, on essaie de concevoir des immeubles « antisismiques » (résistants aux tremblements de terre). Ici, la tour Trans America, à San Francisco.

On dit que les animaux ressentent l'arrivée d'un tremblement de terre. Pourtant, en 1989, au zoo de San Francisco, aucun animal n'a eu un comportement anormal avant le séisme. La fin d'une légende ?

D'anciennes légendes chinoises racontent que la Terre reposait sur le dos d'un bœuf gigantesque. Ils pensaient qu'un tremblement de terre se produisait chaque fois que l'animal faisait passer la planète d'une épaule à l'autre.

Qu'est-ce que la Chambre aux Chandelles ?

Il existe une grotte extraordinaire creusée dans le versant d'une montagne située dans l'est de l'Italie. On la surnomme la « Chambre aux Chandelles » car d'étonnantes colonnes de roches blanches se sont formées sur son sol et ressemblent à des bougies. Il s'agit en réalité de stalagmites qui se dressent dans de petites coupes de rocs, évoquant les supports des chandelles.

Comme toutes les grottes souterraines, la Chambre aux Chandelles a été creusée par des infiltrations d'eau. Le ruissellement de l'eau de pluie a attaqué le rocher.

Il y a des milliers d'années, les hommes préhistoriques trouvaient refuge dans les grottes. Ils décoraient les parois de certaines en y peignant des signes et des animaux.

Les gens qui explorent les galeries souterraines et les grottes s'appellent des spéléologues. Cette activité peut être très dangereuse, il faut être bien entraînés et très bien équipés pour la pratiquer sans trop de risques. Mais la découverte des fabuleux trésors du sous-sol est une expérience unique.

Les chauves-souris recherchent la pénombre des cavernes. Elles s'y réfugient durant le jour et les utilisent comme pouponnières pour leurs petits.

N'essaie pas de voir une stalactite se former. Grandir de 1 cm peut lui prendre 1 000 ans...

Quelle est la différence entre une stalactite et une stalagmite ?

Les stalactites et les stalagmites ressemblent toutes les deux à des glaçons de pierre allongés et pointus. Les stalactites se forment à partir de la voûte des grottes (elles tombent) tandis que les stalagmites se forment à partir du sol (elles montent).

Qui vit dans l'obscurité des grottes ? Des vers, des lézards, des insectes, des salamandres, des chauves-souris...

Où commencent les rivières ?

Une rivière, au départ, c'est juste un petit ruisseau. Certains cours d'eau sont d'abord des sources qui jaillissent du sol. D'autres se forment dans les montagnes, aux extrémités des glaciers, là où la glace commence à fondre. D'autres encore s'écoulent des lacs.

Dans certaines montagnes, des torrents de glace se forment et descendent dans les vallées. Ce sont les glaciers.

1 La pluie tombe sur le flanc des montagnes, dévale les pentes et s'infiltre dans le sol.

2 Un cours d'eau s'écoule d'une source.

3 Il rejoint d'autres ruisseaux et grossit jusqu'à devenir une rivière au cours rapide.

4 La rivière gagne la plaine. Elle grossit, se transforme en fleuve et coule plus lentement.

Pourquoi les rivières ralentissent-elles ?

Au pied d'un relief, le sol redevient plat, ce qui ralentit le cours d'eau. Il ne s'écoule plus en ligne droite mais trace de grandes courbes, les méandres.

Où finissent les rivières ?

Les rivières finissent leur voyage dans un fleuve qui se jette dans l'océan. On appelle embouchure du fleuve l'endroit où son eau douce se mélange à l'eau salée de la mer.

Les plus longs fleuves du monde sont l'Amazone en Amérique du Sud (6 992 km) et le Nil en Égypte (6 852 km).

Certains cours d'eau ne parviennent pas jusqu'à la mer. Ils se jettent dans des lacs ou s'infiltrent dans le sol.

L'un des fleuves les plus courts qui soient est le fleuve D qui coule aux États-Unis. Il mesure 36 m.

5 Parfois, la rivière coupe un de ses méandres et laisse un lac en forme de parenthèse.

Beaucoup d'oiseaux vivent à l'embouchure des fleuves. Ils y trouvent des vers de vase en abondance.

6 À l'embouchure, le fleuve mêle ses eaux à celles de la mer.

Qu'est-ce que le ciel ?

Le ciel est une partie de la couche d'air qui entoure la Terre. Cette couche, appelée atmosphère, est invisible et nous protège des rayons dangereux du Soleil. Elle mesure environ 700 km d'épaisseur, mais plus on s'éloigne vers l'espace, plus elle devient rare. Elle fournit l'air que nous respirons. L'oxygène entre dans la composition de cet air. C'est un gaz vital : nous avons tous besoin de respirer de l'oxygène pour vivre.

La Terre est la seule planète connue qui possède suffisamment d'oxygène pour permettre le développement de la vie.

Le réchauffement important de la Terre entraîne la fonte des glaces situées sur les terres (pôle Sud et glaciers). Elle fait grimper le niveau des mers, et menace d'immerger les villes côtières.

Qu'est-ce que l'effet de serre ?

L'atmosphère joue le rôle d'une serre : elle retient les rayons du soleil et réchauffe la planète. Ce phénomène naturel est bénéfique à la vie, mais est accentué par les gaz de combustion des usines, des centrales thermiques et des voitures, auxquels s'ajoutent d'autres gaz.

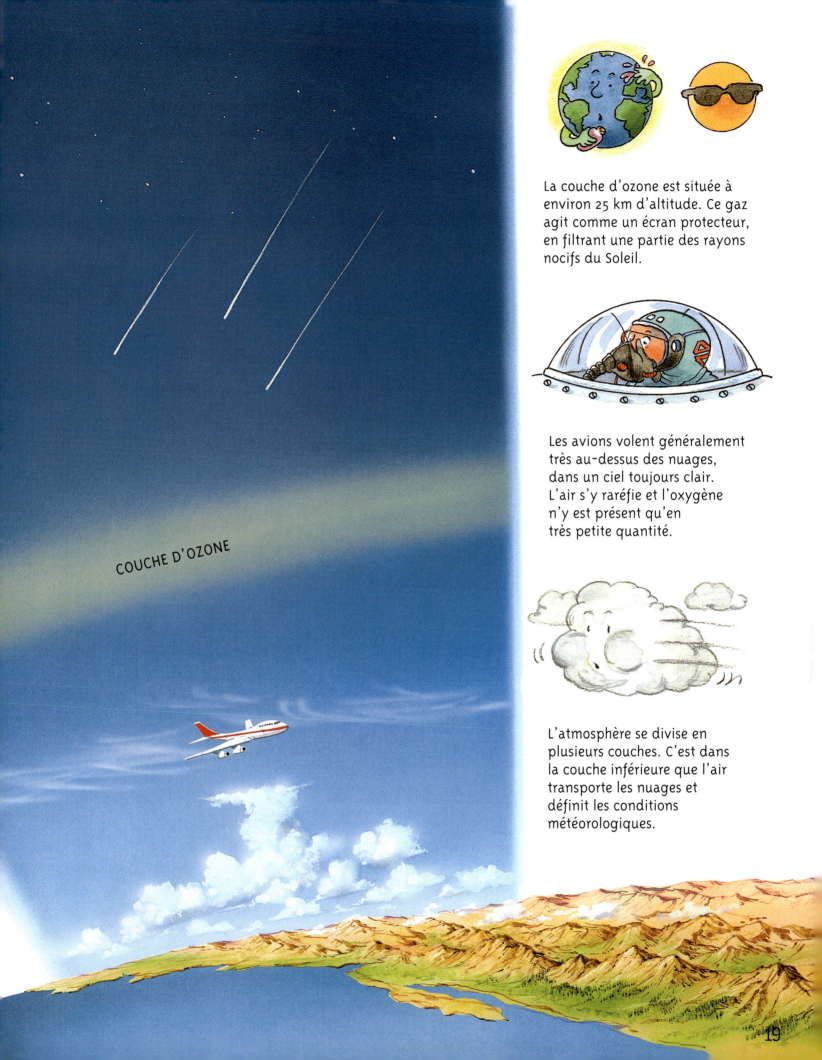

COUCHE D'OZONE

La couche d'ozone est située à environ 25 km d'altitude. Ce gaz agit comme un écran protecteur, en filtrant une partie des rayons nocifs du Soleil.

Les avions volent généralement très au-dessus des nuages, dans un ciel toujours clair. L'air s'y raréfie et l'oxygène n'y est présent qu'en très petite quantité.

L'atmosphère se divise en plusieurs couches. C'est dans la couche inférieure que l'air transporte les nuages et définit les conditions météorologiques.

De quoi sont faits les nuages ?

Certains nuages ressemblent à des paquets de coton. En réalité, ils sont composés de milliards de gouttelettes d'eau et de cristaux de glace. Ils sont si minuscules et si légers qu'ils flottent dans l'air, formant de jolis moutons blancs !

Sans pluie, les plantes ne pousseraient pas. Les herbivores puis les carnivores mourraient alors de faim.

Si tu te rends un jour sur le mont Wai-'ale-'ale, à Hawaï, n'oublie pas ton parapluie. Il y pleut 350 jours par an.

Quand la pluie tombe-t-elle des nuages ?

La pluie tombe lorsque les nombreuses gouttelettes d'eau qui forment les nuages commencent à se rassembler. Elles finissent par devenir trop lourdes pour flotter dans l'air et tombent alors en pluie sur le sol.

Les pluies de grenouilles et de poissons sont rarissimes mais réelles. Ces petits animaux sont alors aspirés en surface d'un point d'eau par des tourbillons de vent et d'eau, les tornades. Ils retomberont plus loin avec les gouttes de pluie.

Quelle est la température de la neige ?

Les flocons de neige sont en fait des gouttelettes d'eau qui ont gelé et qui forment des cristaux de glace. Pour rester gelés, ils doivent garder une température proche de 0 °C. Les flocons fondent et tombent en pluie si la température monte.

Le plus grand bonhomme de neige a été fait en 2020, en Autriche. Il avait 38m de haut. Il a fallu 40 jours et des canons à neige pour y arriver.

D'où viennent les orages ?

Les orages naissent à l'intérieur des gros nuages noirs qui s'accumulent parfois dans le ciel à la fin d'une chaude journée d'été. À l'intérieur de ces cumulonimbus, des vents vigoureux brassent les gouttelettes d'eau. Ces nuages orageux sont chargés d'électricité. Une décharge électrique se produit parfois entre le nuage et la terre ou entre deux nuages : c'est la foudre. Elle trace de terribles éclairs dans le ciel.

Les éclairs parcourent 300 000 kilomètres en une seconde : ils se déplacent à la vitesse de la lumière. Ils sont visibles immédiatement et éclairent comme en plein jour.

La foudre peut frapper les êtres vivants. Les points élevés et isolés l'attirent. Voilà pourquoi il ne faut jamais s'abriter sous un arbre par temps d'orage. Elle est souvent la cause d'incendies de forêt.

Chaque jour en moyenne, 5 000 orages éclatent dans le monde. Ils sont fréquents dans les régions chaudes et humides, en particulier près de l'équateur et sous les tropiques.

Pour calculer la distance qui te sépare d'un orage, compte le nombre de secondes qui s'écoulent entre l'éclair et le coup de tonnerre. Divise ce nombre par trois et tu sauras à combien de kilomètres l'orage se situe.

Les plus grands nuages orageux, les cumulonimbus, peuvent s'étirer sur une hauteur de 16 km. Gorgés d'eau, on n'ose imaginer leur poids !

Qu'est-ce que le tonnerre ?

Les éclairs chauffent l'atmosphère rapidement. L'air est porté à très haute température en quelques millièmes de seconde. Il se comprime et se dilate si rapidement qu'il provoque un bruit violent comme une explosion. C'est le tonnerre.

Qu'est-ce qu'une tornade ?

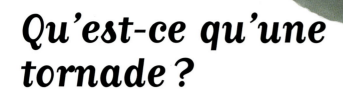

Une tornade est un vent tourbillonnant très violent qui balaie le sol ou la mer. Elle forme un entonnoir qui peut atteindre 1 km de haut et qui aspire tout sur son passage. L'air s'y déplace à la vitesse maximale de 500 km/h. Les cyclones sont des mouvements circulaires d'air chaud et humide. Ils se forment uniquement sur les mers tropicales. Leur diamètre varie entre 200 et 1 000 km. On en compte une centaine par an.

Aux États-Unis, en 1931, une tornade a soulevé un train et l'a projeté hors de ses rails, dans le fossé.

L'air est invisible, tu ne peux donc pas voir le vent. Mais tu peux le sentir sur ta peau et observer comment il fait bouger les arbres.

Qu'est-ce qui fait courir le vent ?

Quand le vent souffle, tu perçois le déplacement de l'air ; une masse d'air qui se réchauffe devient plus légère et s'élève dans le ciel. L'air froid qui l'entourait prend alors sa place.

Comment démontrer que l'air chaud s'élève ? Place une plume sur un radiateur en marche et regarde-la se soulever grâce au mouvement ascendant de l'air chaud.

Pleut-il souvent dans une forêt humide ?

Il pleut quasiment tous les jours dans une forêt équatoriale humide (appelée aussi jungle), mais pas sans interruption. Au fil des heures, l'atmosphère devient de plus en plus chaude et humide jusqu'à ce que l'orage éclate. Ensuite, l'air est de nouveau plus sec.

La plus grande forêt équatoriale humide se trouve en Amérique du Sud. Elle s'étend sur des milliers de kilomètres carrés dans tout le bassin amazonien. Elle couvre 9 pays, mais est surtout présente au Brésil.

Où sont situées les jungles ?

Les zones couvertes par les forêts humides sont représentées ci-dessus en vert. Elles sont localisées à proximité de l'équateur. Voilà pourquoi on les appelle aussi forêts équatoriales.

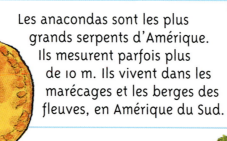

Les anacondas sont les plus grands serpents d'Amérique. Ils mesurent parfois plus de 10 m. Ils vivent dans les marécages et les berges des fleuves, en Amérique du Sud.

Les forêts équatoriales abritent plus de la moitié des espèces animales et végétales vivant sur la Terre.

La pâte qui sert à fabriquer le papier est obtenue à partir de la cellulose contenue dans le bois de conifères comme l'épicéa et le pin.

Où se trouve la plus grande forêt du monde ?

La plus grande forêt du monde s'étend sous le pôle Nord, tout en haut de l'Europe et de l'Asie. En Sibérie, elle porte le nom de taïga.

Les ours bruns et les loups vivent dans les forêts sombres du Nord. Les rennes s'y réfugient durant l'hiver rigoureux et sans fin.

Où ne pleut-il jamais ?

Les déserts sont les endroits les plus secs au monde. Il n'y pleut pas pendant des mois, parfois même pendant des années. Dans certains déserts, il ne pleut même jamais. Le vent, en revanche, y souffle souvent. Il forme des collines de sable à perte de vue que l'on appelle des dunes. Outre les déserts de sable des pays chauds, il existe aussi des déserts froids et montagneux.

Le désert d'Atacama au Chili est la région la plus sèche au monde. Il n'a reçu aucune goutte de pluie pendant 400 ans. Et puis en 1971, l'eau y est tout d'un coup tombée à verse.

La plupart des gens qui vivent encore dans le désert de nos jours sont des nomades. Ils n'ont pas d'habitation fixe et se déplacent de site en site avec leurs animaux pour chercher nourriture et eau.

Le désert du Sahara couvre environ un tiers de la surface de l'Afrique.

Quel est le plus grand désert de sable?

Mouillé, le sable reste compact et peut être utilisé pour bâtir d'éphémères édifices.

Le Sahara, avec 10 millions de kilomètres carrés de sable. Il est en grande partie recouvert de dunes qui se déplacent avec le vent. Les déserts ne sont pas tous des déserts de sable; beaucoup sont rocheux ou couverts de pierres et de graviers.

Le sable soufflé par le vent peut enlever la peinture d'une carrosserie de voiture, comme le ferait une feuille de papier de verre.

Quelle température fait-il dans le désert?

Dans les déserts les plus torrides, la température de l'air peut atteindre 50 °C. En fin de journée, la température baisse considérablement et les nuits y sont même très froides.

À quoi ressemblent les pôles de la Terre ?

Le pôle Nord et le pôle Sud occupent les deux extrêmes de la Terre. Ce sont des endroits glacés parcourus par des vents cinglants. La glace et la neige s'y étendent à l'infini. L'endroit rêvé pour passer des vacances !

L'ours polaire vit au pôle Nord et le manchot au pôle Sud. Ces deux-là ne risquent pas de se rencontrer... Sauf peut-être dans un zoo !

L'Antarctique est un immense continent recouvert de glace qui se situe au pôle Sud. La glace y atteint par endroits 5 km d'épaisseur.

Où fait-il le plus froid ?

C'est en Antarctique qu'ont été enregistrées les températures les plus basses du globe. Le thermomètre y affiche généralement − 58 °C, mais il y est descendu jusqu'à − 98 °C. Un record !

Le mont Erebus est certainement le point le plus chaud de tout l'Antarctique. C'est un volcan encore en activité !

Où vit l'ours polaire ?

Les ours polaires, encore appelés ours blancs, vivent sur la banquise arctique, près du pôle Nord, mais aussi au nord de l'Europe et du Canada. Ils n'ont jamais colonisé l'Antarctique, bien que la nourriture y abonde et que les conditions de vie y soient relativement similaires. Avec le réchauffement climatique, la banquise fond et leur habitat est de plus en plus menacé.

Les icebergs flottent sur les mers polaires. Ce sont des blocs de glace non salée qui se sont détachés des glaciers polaires.

Les poils des ours polaires ne sont pas blancs mais transparents. Ils conduisent les rayons du Soleil jusqu'à la peau de l'animal.

Index

Découvre tous les titres de la collection :

Passion chevaux

Au temps des dinosaures

Les secrets de l'Univers

Le corps humain

Les pirates

Notre planète Terre

La Bible

Mers et océans

Paris

La France

La Première Guerre mondiale

Les colères de la nature

Insectes et petites bêtes

Les animaux préhistoriques

Les volcans

Vivre au Moyen Âge

Les pôles

Les Romains

L'Égypte des pharaons

La vie des Grecs

Louis XIV à Versailles

Les animaux et leurs petits

Baleines et dauphins

Châteaux et chevaliers

La vie des animaux

Les grands fauves

Les arts martiaux

Le temps et les saisons

Étonnants animaux

La nature en danger

Les explorateurs

Passion rugby

L'Histoire de France

La mythologie grecque

Léonard de Vinci

Vivre ensemble

Les jeux Olympiques

Les régions de France

Les élections

La danse classique

Mon cerveau

Passion football

Passion basket

Passion handball

Napoléon

Les robots et l'intelligence artificielle

Planète microbes

Passion minéraux

L'encyclopédie

L'encyclopédie de l'espace

L'encyclopédie des animaux

L'encyclopédie de la Terre

L'encyclopédie des dinosaures

L'encyclopédie du corps humain